GUIDE

DES

PÈRES & MÈRES

DE FAMILLE

SUR

LA DENTITION

DE LEURS ENFANTS.

Par

M. RICHARD,

CHIRURGIEN ET MÉCANICIEN-DENTISTE,
A LYON.

LYON,

IMPRIMERIE ET LITH. DE TH. LÉPAGNEZ,

Petite rue de Cuire, 10.

1859.

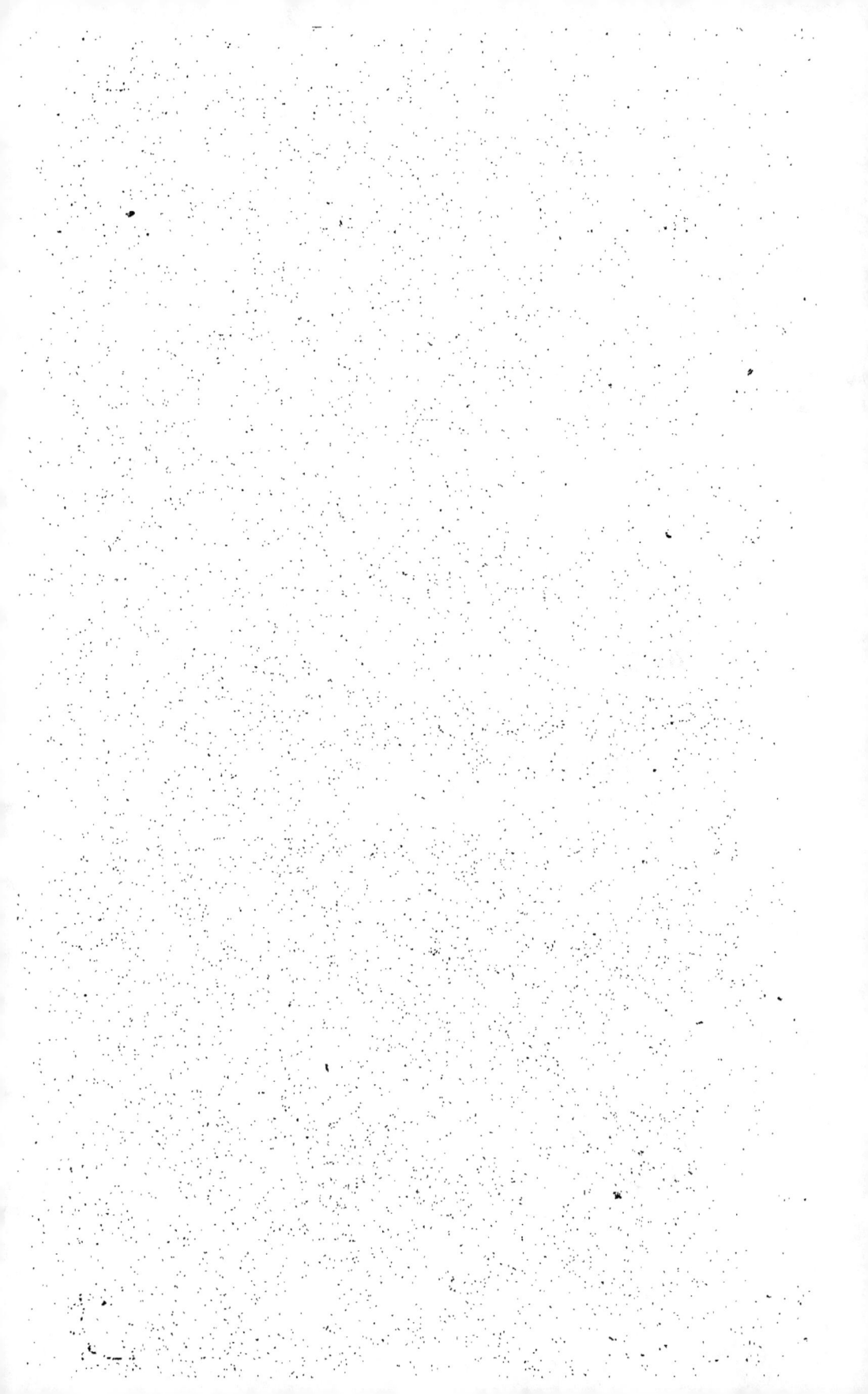

GUIDE

DES

PÈRES ET MÈRES DE FAMILLE

sur la

DENTITION DE LEURS ENFANTS.

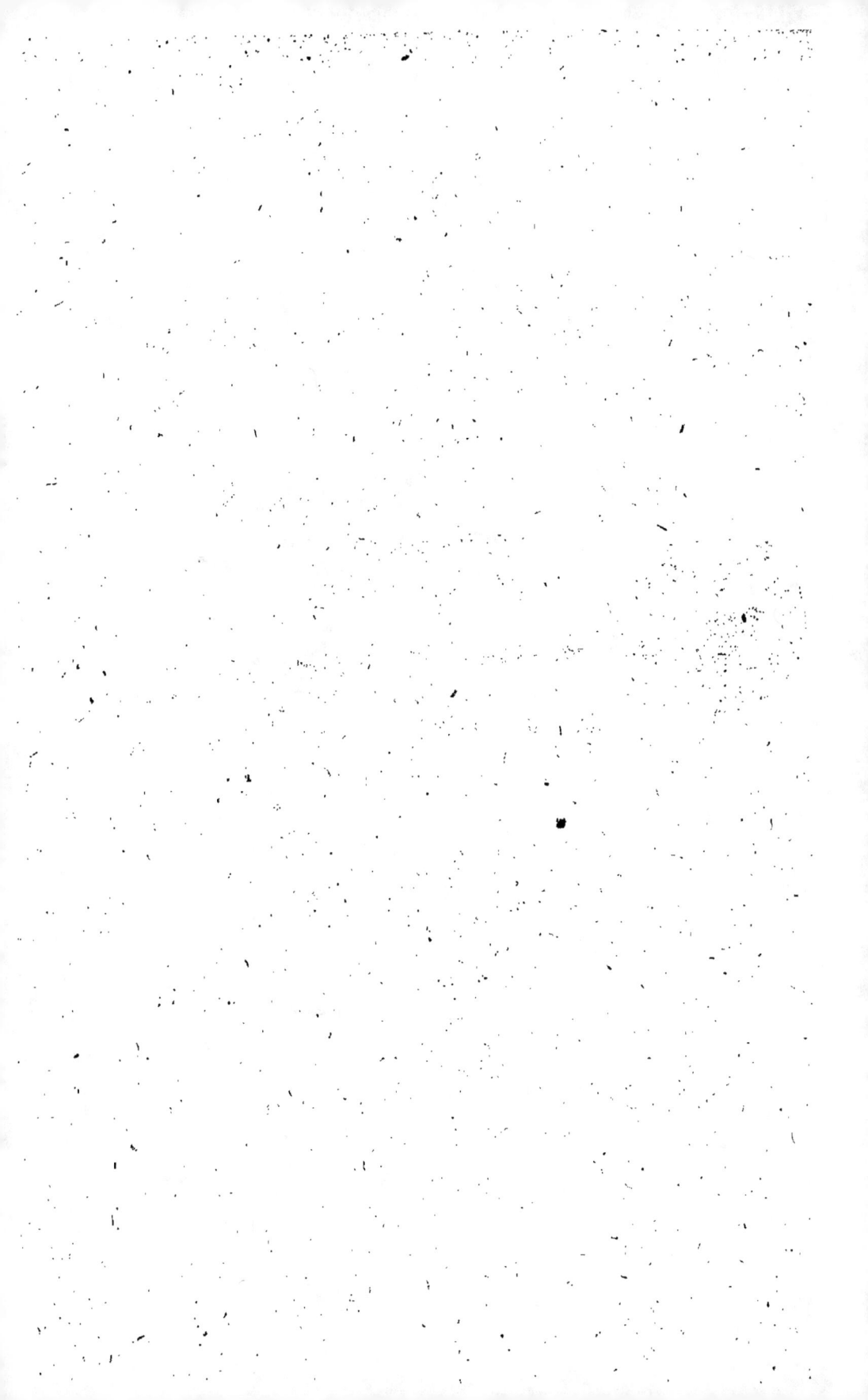

GUIDE

DES

PÈRES & MÈRES

DE FAMILLE

SUR

LA DENTITION

DE LEURS ENFANTS.

Par

M. RICHARD,

CHIRURGIEN ET MÉCANICIEN-DENTISTE,
A LYON.

LYON,

IMPRIMERIE ET LITH. DE TH. LÉPAGNEZ,

Petite rue de Cuire, 10.

1859.

Ce petit Opuscule, trésor de la bouche, est destiné aux pères et mères de famille, aux chefs d'institution, et à toute personne en particulier.

L'intérêt que tout le monde a de conserver les organes précieux de la mastication, sans lesquels aucune bonne digestion n'est possible, nous a porté à faire des remarques minutieuses dans le courant de notre laborieuse et constante pratique. Aussi, croyons-nous pouvoir dire avec vérité que la majeure partie des dents gâtées, des maux de dents, proviennent des jeunes dentitions mal dirigées, mal soignées.

C'est donc pour se prémunir contre les causes qui peuvent produire ces accidents fâcheux, que nous avons eu la pensée de faire ce petit ouvrage.

Nous espérons qu'il sera accueilli avec bienveillance.

RICHARD,

Rue du Commerce, 1, et rue Vaubecour, 2,
à Lyon.

GUIDE

DES

PÈRES ET MÈRES DE FAMILLE

SUR LA

DENTITION DE LEURS ENFANTS.

———◆———

On dit vulgairement que l'on peut toujours éviter le mal quand on a entre les mains un préservatif facile à suivre et à exécuter.

C'est pourquoi, dès que les enfants commenceront à éprouver les douleurs occasionnées par la venue des dents de lait ou dents temporaires, ce qui a ordinairement lieu après le quatrième ou le cinquième mois, on leur

donnera l'instrument de M. Richard, appelé le
petit Dentiste des enfants au berceau.

Ce petit instrument, qui est en ivoire, en os,
en ambre, ou en bois dur, est une espèce de
joujou ; il représente, au centre, une olive,
un gland ou autre objet, et l'une de ses extré-
mités est une lime de même nature.

La mère, la bonne ou la nourrice trempera
le côté de la lime dans du miel et apprendra à
l'enfant à mettre l'instrument dans sa bouche.
Le miel lui laissera le goût du revenez-y, et il
aimera beaucoup à se servir de son petit Dentiste qu'on lui laissera jusqu'à l'âge de deux ou
trois ans.

Le frottement sur les gencives, de cette
lime d'un nouveau genre, aidera aux dents

qui poussent à user la membrane qui les cou-
vre, et leur sortie s'effectuera avec moins de
souffrance ; ce qui épargnera bien des pleurs
aux enfants et beaucoup d'inquiétude aux
parents.

Nous avons préféré l'ivoire ou le bois dur,
à toute autre substance, parce qu'il est plus
analogue à la nature des dents par sa dureté.
Il est un peu plus tendre que les dents elles-
mêmes, et ne peut en rien altérer celles qui
poussent : un corps moins dur s'userait trop
vite et ne produirait pas assez longtemps le
frottement nécessaire.

Toute espèce de métal userait les dents et
serait très nuisible.

A l'âge de trois ou quatre ans, l'enfant

doit avoir toutes ses dents temporaires qui
sont au nombre de vingt (*règle invariable de la
nature*), dix à la mâchoire supérieure, et au-
tant à la mâchoire inférieure.

Les dents que nous venons d'énumérer sont
les seules que la nature remplace par d'autres
entre la sixième et la treizième année de l'enfant. C'est surtout pendant cette période que
les parents des enfants, tous ceux et celles
à la garde de qui ils sont confiés, doivent
s'imposer une surveillance active pour étudier
les évolutions du changement qui doit s'opérer et duquel dépend pour ainsi dire une partie de leur existence. Effectivement, si la nourriture n'est pas bien broyée avant d'être portée
dans l'estomac, faute de bonnes dents, la digestion ne peut être parfaite. De la mauvaise
digestion, naissent les irritations d'estomac,

les inflammations des intestins et toutes les misères qui suivent.

Souvent il arrive que les petites molaires, dents dites de lait, sont atteintes de carie; mais il ne faut nullement s'en inquiéter, ni même du vice que cette affection peut porter aux dents de remplacement; de ce côté elles sont inoffensives. Seulement, il faut les tenir très propres et bien faire attention aux dernières petites molaires qui communiqueraient infailliblement leur carie aux premières grosses molaires permanentes, qui poussent à l'âge de sept ou huit ans. Si elles les touchaient elles produiraient le funeste effet que produit le fruit pourri en contact avec le fruit sain.

La première grosse molaire une fois affectée de carie, ne tarderait pas à inoculer son mal à la dent de la mâchoire qui lui correspond, et souvent les mêmes dents du côté opposé périssent par le même principe.

Pour obvier à ce déplorable inconvénient, il faut qu'une mère qui est toujours pleine de sollicitude pour ses enfants, les conduise depuis l'âge de six ans jusqu'à douze, chez un dentiste d'expérience. Ce dentiste lui apprendra quels sont les soins qu'il faut donner aux dents temporaires. Il lui indiquera également les moyens convenables pour les conserver en place jusqu'à ce que leurs racines aient été absorbées par celles qui poussent. S'il y avait déviation dans ces dernières, il arracherait les dents de lait.

Si les dernières molaires venaient à se gâter, le dentiste en ferait l'extraction, ou il les obtu-

rerait de manière à ce que leur partie malade
ne touchât eu rien les premières grosses molaires qui ne changent jamais. Il ne consentira
à extraire les dents de lait qu'à l'âge auquel
elles doivent tomber, sauf quelques rares ex-
ceptions : par exemple, quand l'enfant souf-
frira trop longtemps ; quand il aura un abcès
à la gencive occasionné par une de ces dents ;
et enfin, quand il dépassera de beaucoup l'âge
auquel elles doivent tomber.

L'extraction d'une dent temporaire avant
l'époque prévue par la nature, peut amener
de graves accidents. Si elle se trouve à côté
d'une dent permanente, celle-ci n'est plus retenue à sa place par la dent temporaire ; elle
anticipe sur l'alvéole de celle-là, et la dent de
remplacement ne peut sortir ; si elle sort, elle
est déjetée au dehors ou au dedans de la

mâchoire, ce qui établit l'irrégularité des dents, la pression et la gêne.

L'irrégularité prépare des réservoirs de tartre, et la gêne, l'échauffement, deux avant-coureurs inévitables de la carie.

Expliquer la vraie cause de la carie des dents temporaires est chose si difficile, que nous avons de la propension à croire que depuis Hypocrate jusqu'à nous, ce problème n'a jamais été convenablement résolu.

Tous les jours nous avons occasion de voir des enfants de cinq ou six ans, les uns ayant constamment joui d'une santé parfaite, et d'autres qui ont toujours été dans un état maladif, sans pouvoir établir une différence dans les affections des dents des uns et des autres.

Ce que nous pouvons dire à ce sujet, est l'avis de tout le monde, en le répétant, les enfants ne nous aimeront pas, que l'abus des bonbons, des sucreries, corrodent les dents.

Il est avantageux pour l'assainissement de la bouche d'une jeune personne, de lui extraire les dents permanentes atteintes de carie aussitôt qu'on s'aperçoit qu'elles sont malades. C'est tellement vrai, que l'absence des premières grosses molaires enlevées à un jeune sujet, ne peut être reconnue au bout d'un an ou deux par le rapprochement des deux voisines. Ce rapprochement facilite, plus tard, la venue de la troisième grosse molaire ou dent dite de sagesse, qui fait beaucoup souffrir quand elle est gênée.

La présence dans la bouche d'une dent gâtée,

est la cause de bien des misères. On ne peut
manger de son côté; le tartre s'en empare, il
se cumule autour des dents voisines; le sang
afflue à la gencive qui est irritée par la pression du tartre, et la bouche est empoisonnée.
Des fluxions successives établissent des abcès
contre les gencives et quelquefois au dehors
des joues, ce qui donne à la figure un aspect
dégoûtant de scrofuleux, dont le résultat de-
vient souvent une nécrose du maxilaire.

Que faut-il faire dans cet état de ruine pré-
maturée, quand le malade retenu par une ap-
préhension toujours blâmable ne veut pas lais-
ser extraire la dent qui fait tant de ravages?

Il faut se hâter de consulter un bon prati-
cien qui lui fera comprendre la nécessité ab-
solue de se débarrasser du principe de tant de

maux. Les conseils du dentiste fortifiés par ceux des parents, apaiseront la crainte du malade qui se laissera opérer.

La dent bien extraite doit entraîner avec elle le réservoir de l'abcès qui se trouve au bout de l'une de ses racines, si elle en a plusieurs. Cet abcès n'est autre chose qu'une petite poche formée du tissu vasculaire qui enveloppe le bout des racines, où afflue l'épanchement des petites artérioles qui alimentaient le corps de la dent avant ce dérivatif occasionné par la carie.

Si la bouche est encore affligée par d'autres dents malades, reconnues utiles pour la mastication, il faut les soumettre à un traitement avant que de les faire obturer. Si on les plombait sans parfaite guérison, le mal concentré deviendrait plus intense.

Après qu'on aura fait donner tous les soins nécessaires pour amener les dents permanentes dans l'ordre le plus régulier possible, par un dentiste adroit et instruit dans son état; qu'on aura fait enlever tout le tartre qui les entoure pour compléter l'assainissement de la bouche, on entretiendra les précieux organes dans un état de propreté continuelle.

Tous les matins en sortant du lit, on aura soin de passer sur ses dents une brosse très douce pour chasser la couche des évaporations pâteuses qui s'y sera déposée durant le sommeil. Par ce moyen tout à fait hygiénique, le tartre n'y prendra plus naissance, la bouche sera toujours fraîche, l'haleine agréable, et on aura rarement besoin du dentiste.

Pour gagarisme, nous ordonnons toutes les

liqueurs dans lesquelles il n'y entre ni essence, ni sirop. On y ajoutera au besoin la partie d'eau qui sera jugée convenable par celui qui en fait usage.

Ce gargarisme est un astringent pour les gencives et un confortatif pour les dents.

Pour s'en servir utilement, on trempera la brosse dans le verre qui contient le liquide, on joindra les dents et on les frottera à droite et à gauche. Ensuite on ouvrira la bouche pour procéder de même au dedans. Avec le reste du liquide on se gargarisera en faisant des mouvements avec les joues et avec la langue, de manière à faire passer le liquide entre les dents. Si quelques particules de nourriture s'opposent à cette infiltration bienfaisante, il faut les expulser avec un cure-dents en plume; c'est le seul préférable.

Avant de s'imposer, je le répète, l'indispensable habitude d'entretenir ses dents, il faut être bien certain qu'elles soient très propres; qu'aucune matière impure et étrangère à leur corps ne s'oppose à la douce immersion du gargarisme, ni à la pénétration de la brosse, partout où le limon visqueux tend à se cumuler.

Tout le monde sait que la mauvaise herbe autour d'une plante, absorbe les bienfaits de la terre à son préjudice. Il en est de même du tartre qui enveloppe les dents. La présence de ce parasite contre ces organes et les gencives, détruit ou absorbe tous les bons résultats des soins qu'on peut leur donner.

Si après avoir fait usage des moyens que

nous venons d'indiquer, il se formait aux dents quelques caries, il ne faudrait perdre aucun instant pour en arrêter le progrès. On fera enlever de suite avec une lime de séparation la partie gangrénée, par un dentiste qui usera de toute la prudence que réclame un travail aussi délicat. Il devra redoubler d'attention s'il s'agit de séparer des incisives et des canines, qui sont le plus bel ornement de la figure, et il cautérisera la partie limée avec un fer rouge.

En parlant des incisives, nous sommes heureux d'annoncer à nos lecteurs que toutes les dents qui n'ont qu'une seule racine sont parfaitement guérissables. Sous ce rapport, nous les engageons beaucoup à ne jamais faire extraire celles de devant. Leur absence prive la figure de tous ses attraits. La langue dépossédée de ses limites, articule mal les mots et jette des particules de salive à la figure des personnes avec qui l'on converse. Les lèvres qui ne sont plus retenues par les dents deviennent flasques, la parole n'en est que plus gênée, et tout cela donne à la face les traits d'une vieillesse anticipée.

Si faute de soins, les maladies et le temps marquent leur passage dans la bouche par quelques brêches sur les arcades dentaires, il convient, à tout prix, d'en faire réparer les dégâts tant pour soi-même que pour les personnes avec qui l'on a des rapports. L'art du dentiste a atteint aujourd'hui un degré de perfection tellement avantageux pour ceux qui ont besoin de se faire remplacer des dents, qu'on a double raison de recourir à ce moyen.

L'application des dents artificielles s'effectue

sans la moindre souffrance, et la nature est parfaitement imitée. De plus, par cette précieuse ressource, la mastication s'accomplit, la salive est retenue, la parole retrouve sa douce prononciation, et la figure ses attraits.

FIN.

www.ingramcontent.com/pod-product-compliance
Lightning Source LLC
Chambersburg PA
CBHW060817280326
41934CB00010B/2734